Es war ein einfacher Karren.
Er hatte zwei Räder und eine mittelgroße Ladefläche
und eine Deichsel,
daran ein lederner Gürtel befestigt war,
den der Mensch sich um die Schultern legen konnte,
um den Karren zu ziehen.
Der Gürtel hatte Spuren auf der Schulter hinterlassen,
denn der Karren war schwer.

Er war mit allerlei
verwunderlichen Dingen beladen,
die auf den ersten Blick
als nutzloser Ballast erschienen,
ungeordnetes, unbrauchbares Zeug.
Für den Menschen schienen diese Dinge
eine wichtige Bedeutung zu haben.
Kaum je trennte er sich von dem einen
oder anderen verbrauchten Stück.

Aber er war nicht der einzige Mensch dieser Art.
Auf seinen Wegen
begegneten ihm viele andere Menschen,
die ebensolche Karren mit sich zogen und sich,
wenn sie die Hand zum kurzen Grußе hoben,
müde,
aber unendlich verständnisvoll in die Augen sahen.
Nie fragte einer den anderen,
was er geladen habe,
nie wunderte sich einer über des anderen Last.
Es war,
als wäre für jeden
nur der eigene Karren von Bedeutung.

Einmal begegnete dem Menschen auf seinen Wegen einer,
der hatte offensichtlich
viel weniger auf seinem Karren geladen.
Die Neugierde trieb ihn,
nun doch anzuhalten und zu fragen.
Denn es machte ihn misstrauisch und neidisch
zu sehen,
dass da einer auf gleichen Wegen
mit so viel weniger Lasten beladen war.

Und er fragte:
„Wie kommt es, Reisender,
dass du auf deinem hölzernen Karren
so wenig geladen hast?
Kann es nicht sein,
dass du unterwegs wichtige Dinge verloren hast?"

Der Reisende überlegte eine Weile
und sagte lächelnd:
„Es ist nicht zu wenig darauf:
Du musst einfach ein paar alte
unbrauchbare Stücke herunterwerfen.
Lass sie liegen;
dreh dich nicht um
und trauere ihnen nicht nach.
Du wirst sehen,
du brauchst sie eigentlich gar nicht.
Und es läuft sich viel leichter dann."

Der Mensch blickte den anderen ungläubig an.
Er nahm seinen Gürtel wieder auf
und zog wortlos weiter mit seinem schweren Karren.
Aber die Worte verklangen nicht ungehört.
Ob er wollte oder nicht,
manchmal erschien ihm die Idee verlockend,
die schwere Last hinten etwas zu erleichtern.
Eines Tages, nahm er sich vor
und setzte diesen Tag in unbestimmte Ferne,
werde auch ich ein paar Stücke am Wegesrand lassen.

Ein anderes Mal
begegnete der Mensch auf seinen Wegen einem anderen.
Der zog einen leeren Karren hinter sich her.
Die Neugierde trieb den Menschen wieder anzuhalten.
Und er fragte:
„Warum, Reisender,
hast du nichts geladen auf deinem Karren?
Hast du denn all dein Hab und Gut verloren?"

Der Reisende sagte mit freundlichem Lachen:
„Was soll ich Ballast
auf meinem Karren hinter mir herziehen?
Ich brauche ihn nicht.
Du musst einfach alles herunterwerfen
von deinem Karren.
Du wirst sehen,
dass du nichts vermisst.
Und es geht sich viel leichter so."

Wortlos und noch misstrauischer
setzte der Mensch seinen Weg fort.
Aber die Worte klangen ihm im Ohr.
Eines Tages, nahm er sich vor
und setzte diesen Tag in unbestimmte Ferne,
werde auch ich alles von meinem Karren werfen.

Ein weiteres Mal begegnete der Mensch einem anderen,
der lief ohne Karren seines Weges.
Die Neugierde trieb den Menschen nun so stark,
dass er schon von weitem rief:
„He, Reisender, wo hast du deinen Karren gelassen?
Hast du ihn verloren?"
Der Reisende drehte sich einmal um sich selbst,
warf die Arme hoch und sprang in die Luft.
Als er sich von seinem Lachen beruhigt hatte,
rief er:
„Wozu sollte ich einen Karren brauchen?
Du musst ihn einfach stehen lassen.
Du wirst sehn, es läuft sich viel besser ohne ihn."

Schweigend und mutlos
setzte der Mensch seinen Weg fort.
Er merkte,
wie sein Karren immer schwerer und schwerer wurde
und wie ihm der Neid Kräfte raubte.
Eines Tages, nahm er sich vor
und setzte diesen Tag in unbestimmte Ferne,
werde auch ich meinen Karren stehen lassen.